This book belongs to
_____

(c) 2021 Alison Hazel Art
ISBN 978-0-9939814-6-3

Aloe

Aloe

Colored by: _____ Date: _____

Parsley Leaf

Parsley Leaf

Colored by: _____ Date: _____

Nasturtium

Nasturtium

Colored by: _____ Date: _____

Hops

Hops

Colored by: _____ Date: _____

Mint

Mint

Colored by: _____ Date: _____

Olive

Olive

Colored by: _____ Date: _____

Cumin

Cumin

Colored by: _____ Date: _____

Yellow Rattle

Yellow Rattle

Colored by: _____ Date: _____

Garlic

Garlic

Colored by: _____ Date: _____

Lovage

Lovage

Colored by: _____ Date: _____

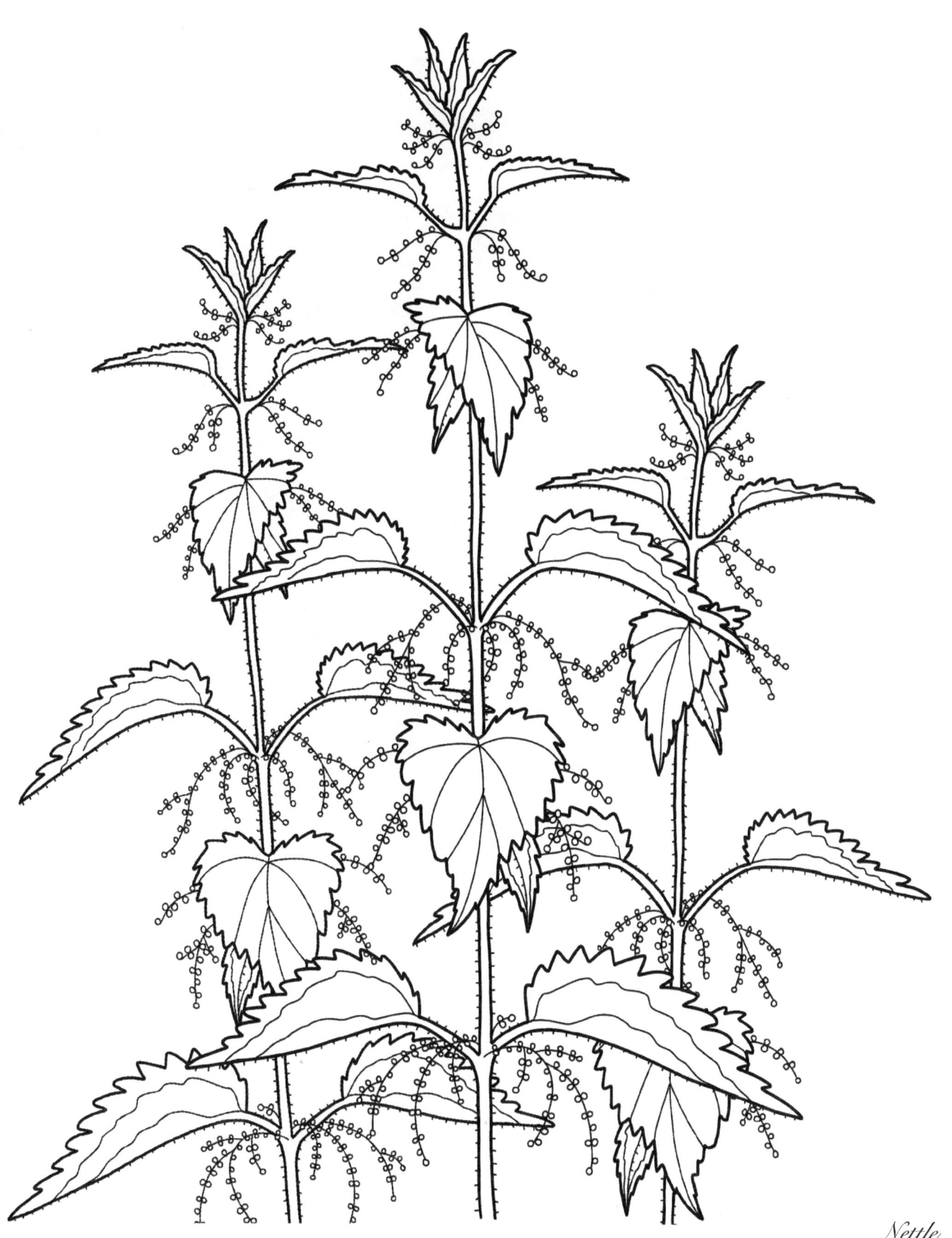

Nettle

Nettle

Colored by: _____ Date: _____

Cilantro

Cilantro

Colored by: _____ Date: _____

Parsley Pot

Parsley Pot

Colored by: _____ Date: _____

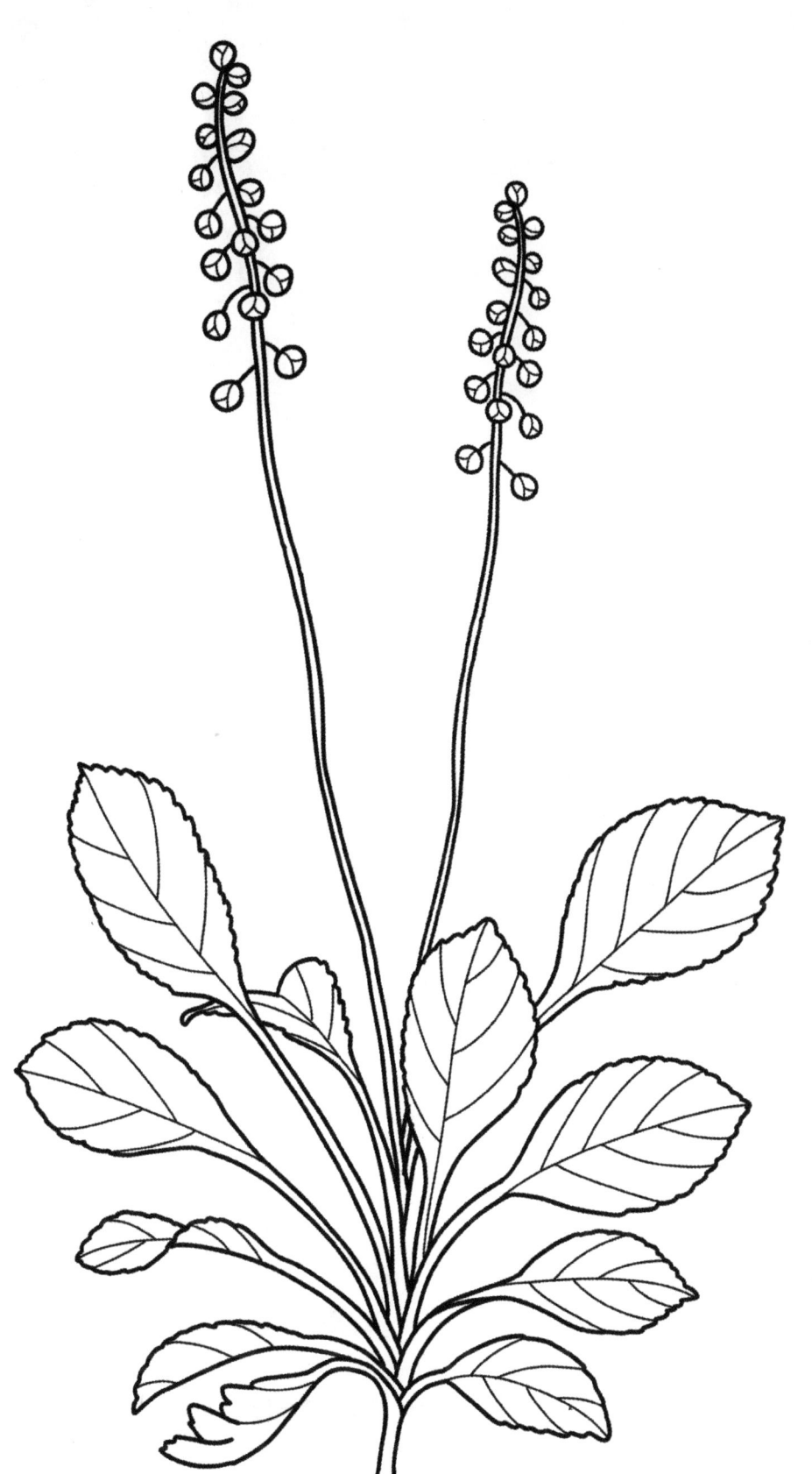

Wintergreen

Wintergreen

Colored by: _____ Date: _____

Herb Garden Layout

Colored by: _____ Date: _____

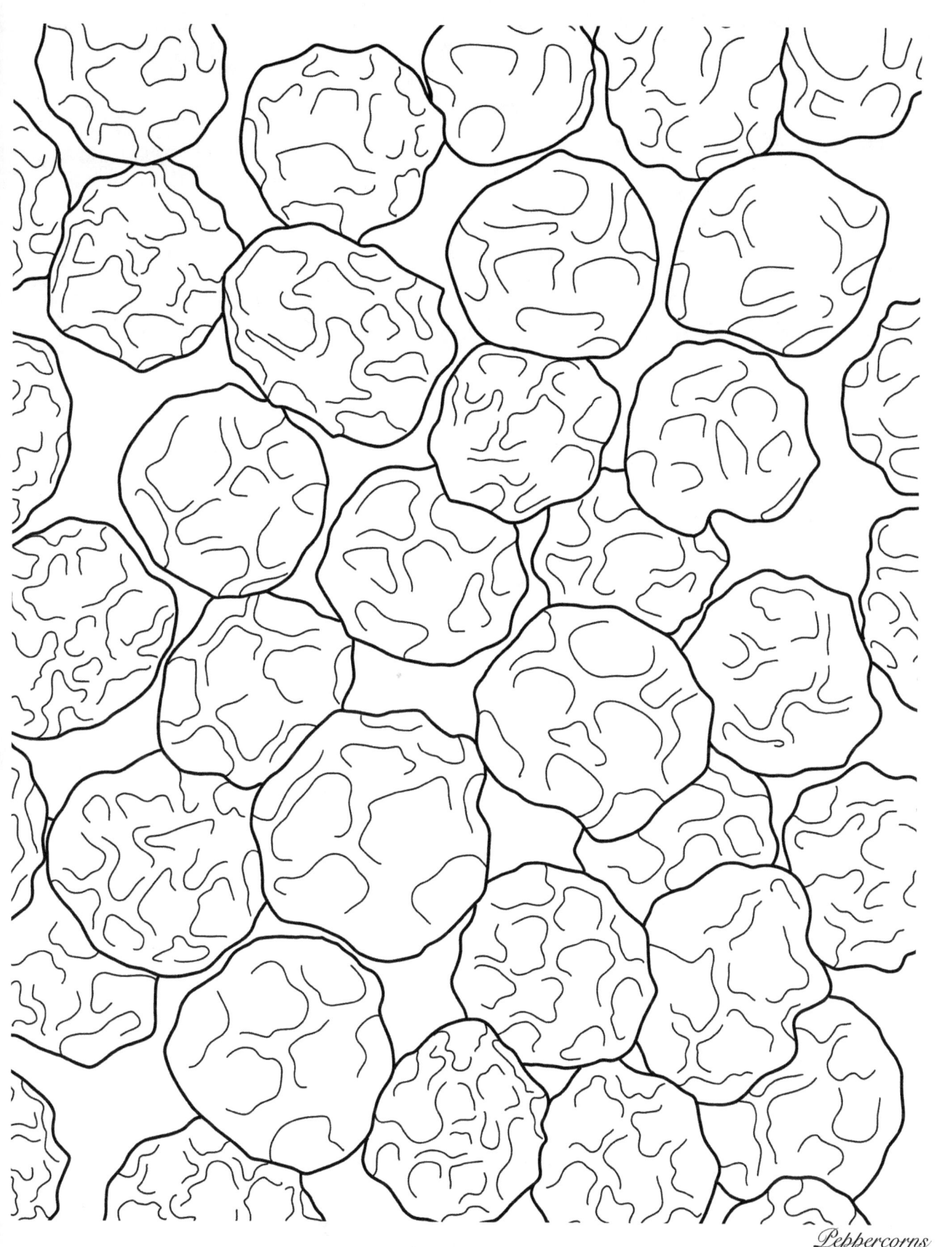
Peppercorns

Pepper Corn

Colored by: _____ Date: _____

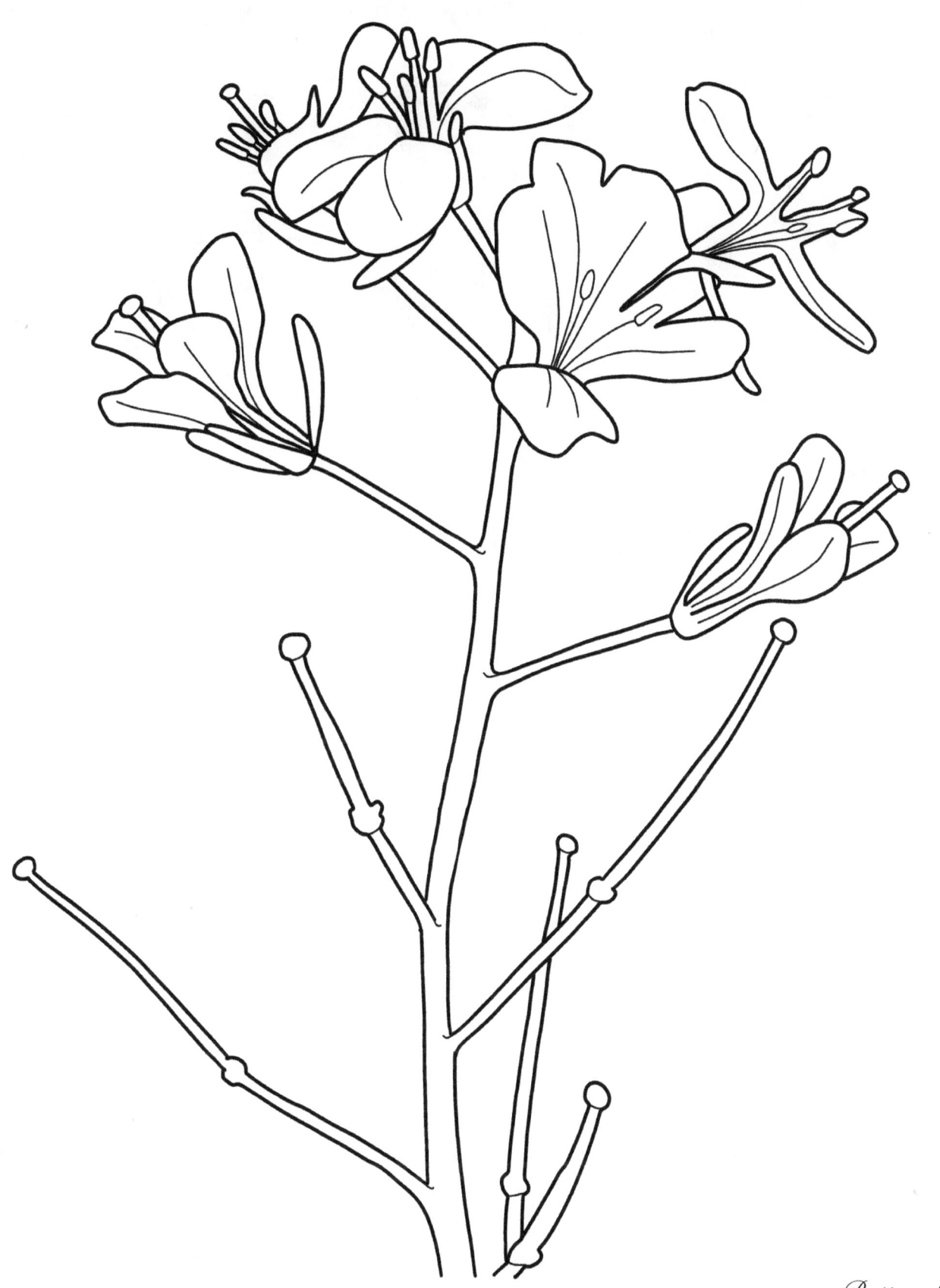

Buttercup

Buttercup

Colored by: _____ Date: _____

Borage

Borage

Colored by: _____ Date: _____

Foxglove

Foxglove

Colored by: _____ Date: _____

Sage

Sage

Colored by: _____ Date: _____

Hazel Nuts

Hazel

Colored by: _____ Date: _____

Tarragon

Tarragon

Colored by: _____ Date: _____

Dandelion

Dandelion

Colored by: _____ Date: _____

Bay Leaves

Bay

Colored by: _____ Date: _____

Elderflower

Elderberry

Colored by: _____ Date: _____

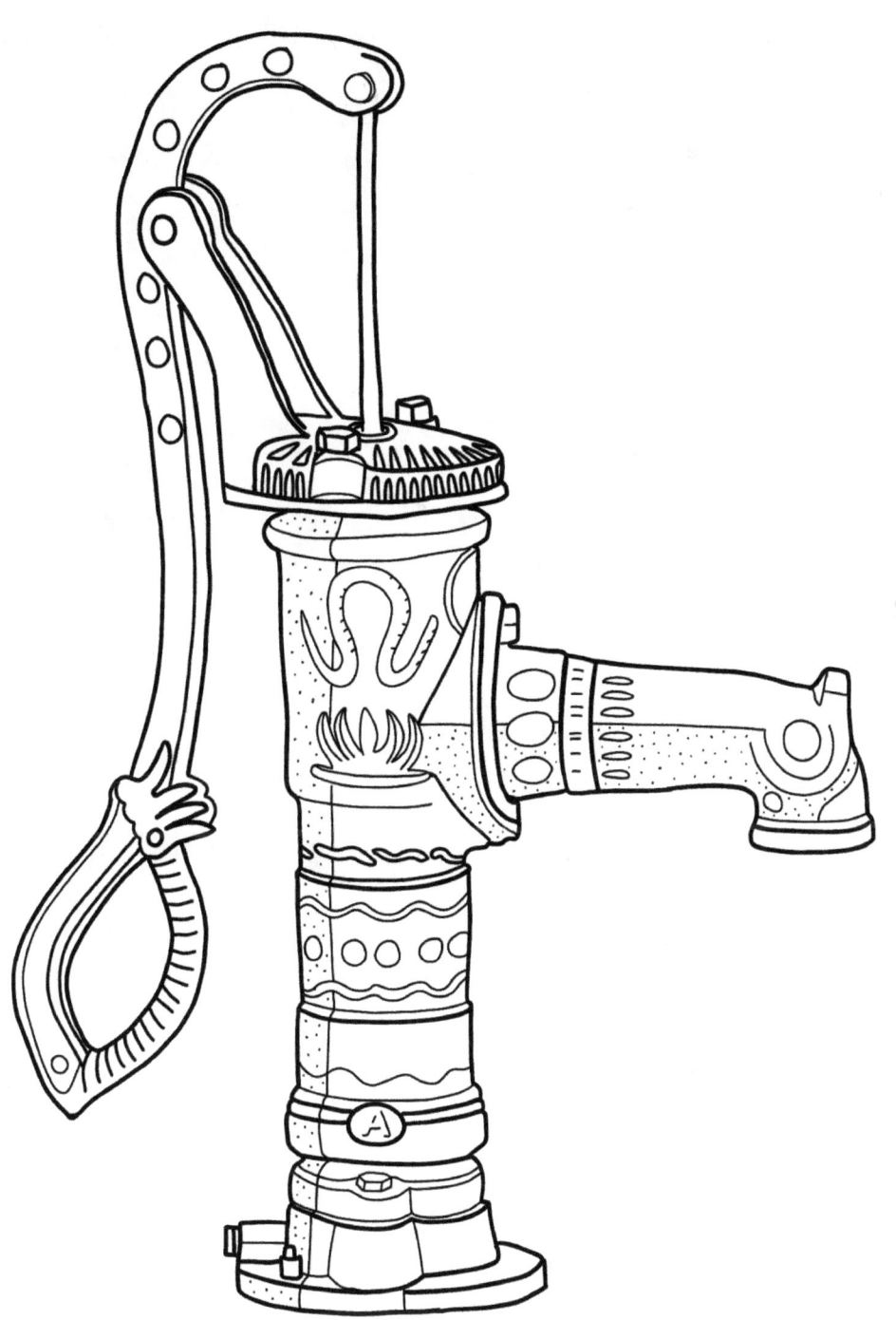

Water Pump

Water Pump

Colored by: _____ Date: _____

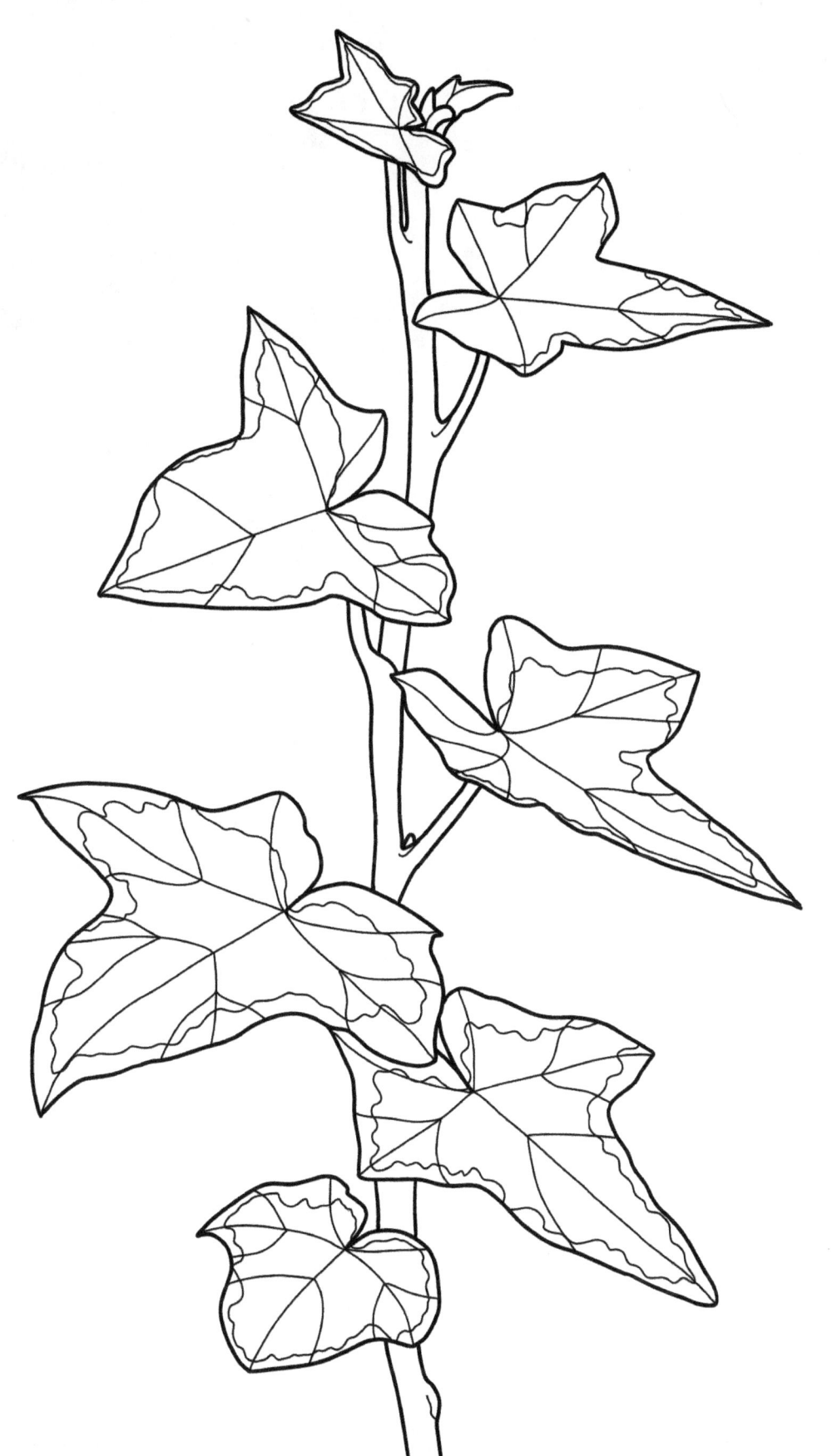

Ivy

Ivy

Colored by: _____ Date: _____

Basil

Basil

Colored by: _____ Date: _____

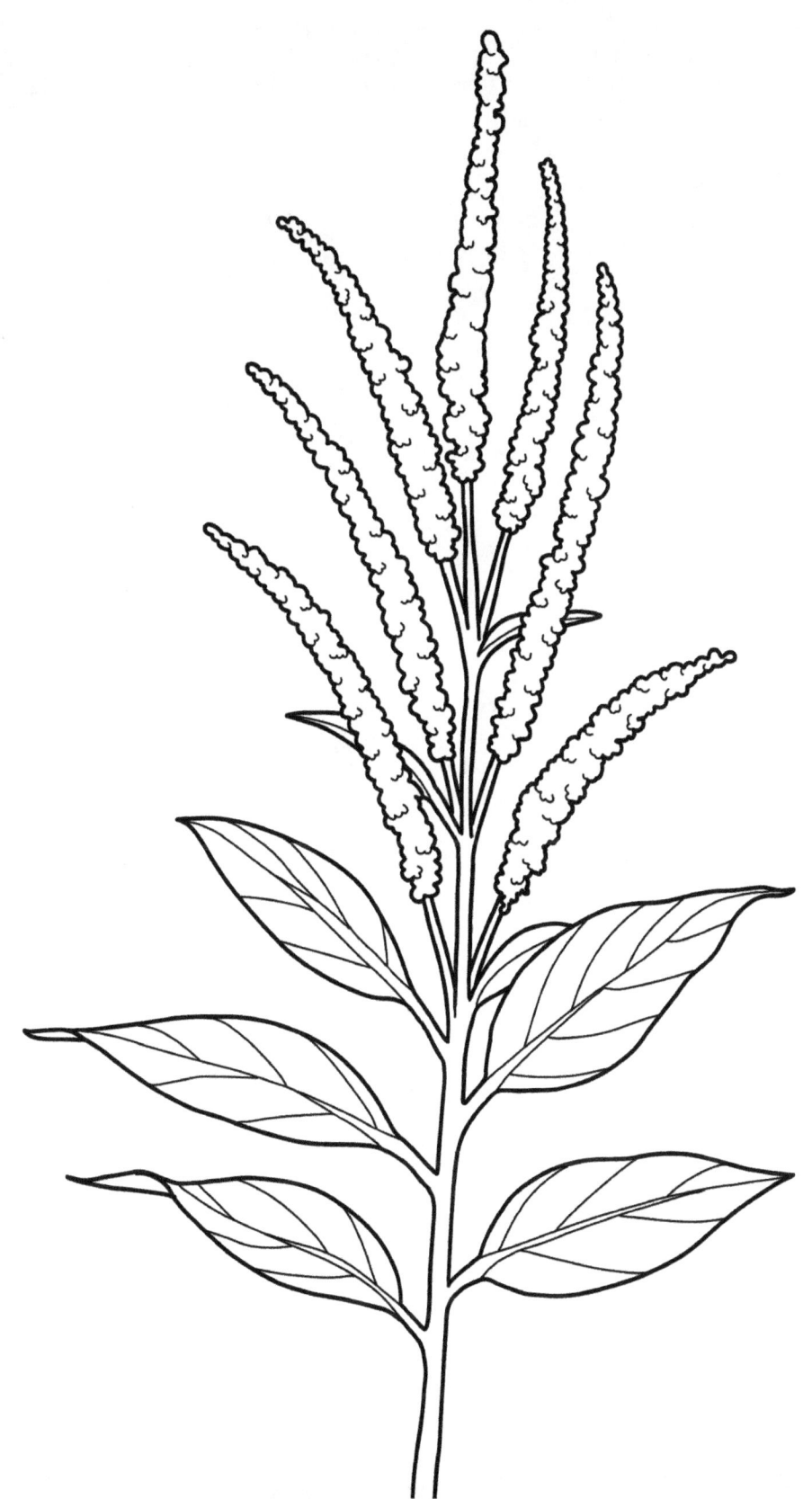

Amaranthus

Amaranthus

Colored by: _____ Date: _____

Camomile

Camomile

Colored by: _____ Date: _____

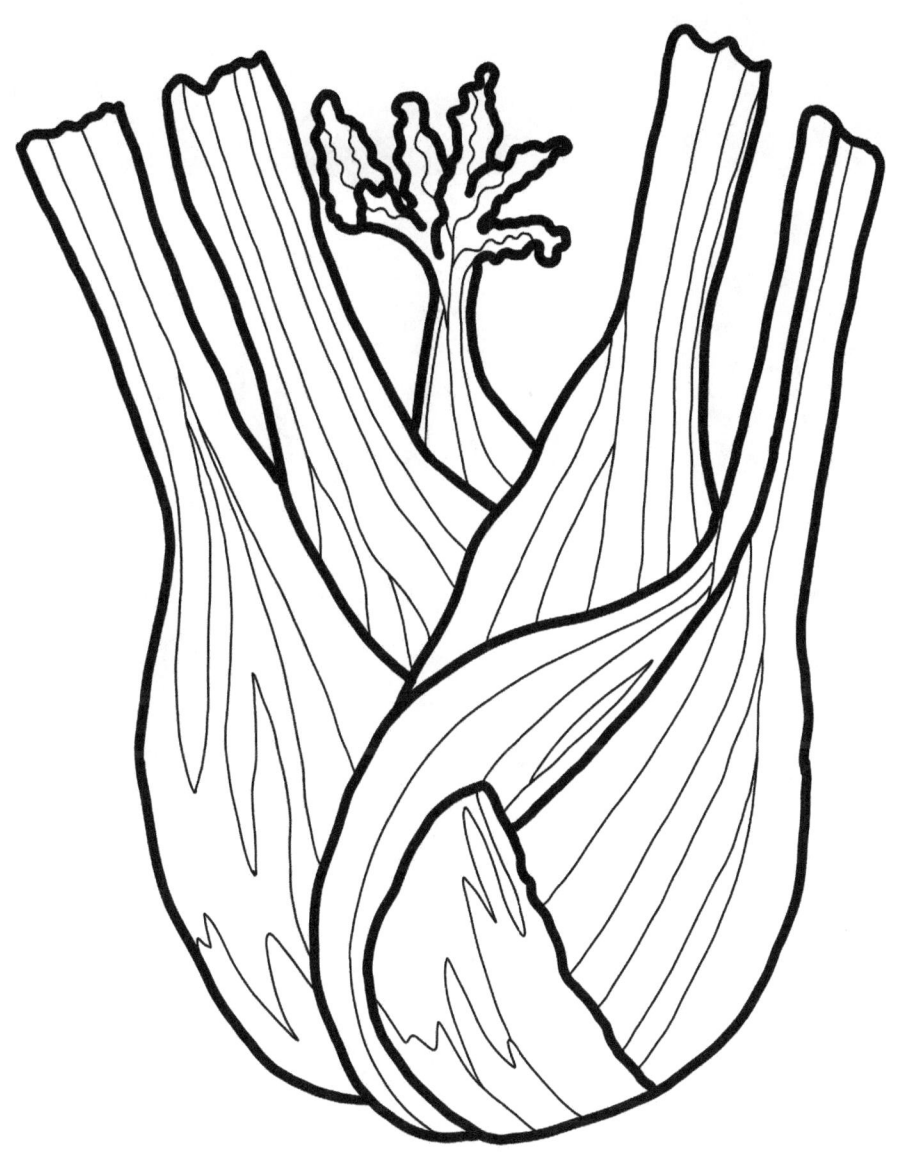

Fennel

Fennel

Colored by: _____ Date: _____

Honeysuckle

Honeysuckle

Colored by: _____ Date: _____

Chives

Colored by: _____ Date: _____

Star Jasmine

Star Jasmine

Colored by: _____ Date: _____

Poppy Seed Pods

Poppy Seed Pods

Colored by: _____ Date: _____

Purple Cone Flower

Purple Cone Flower

Colored by: _____ Date: _____

Verbena

Verbena

Colored by: _____ Date: _____

Feverfew

Feverfew

Colored by: _____ Date: _____

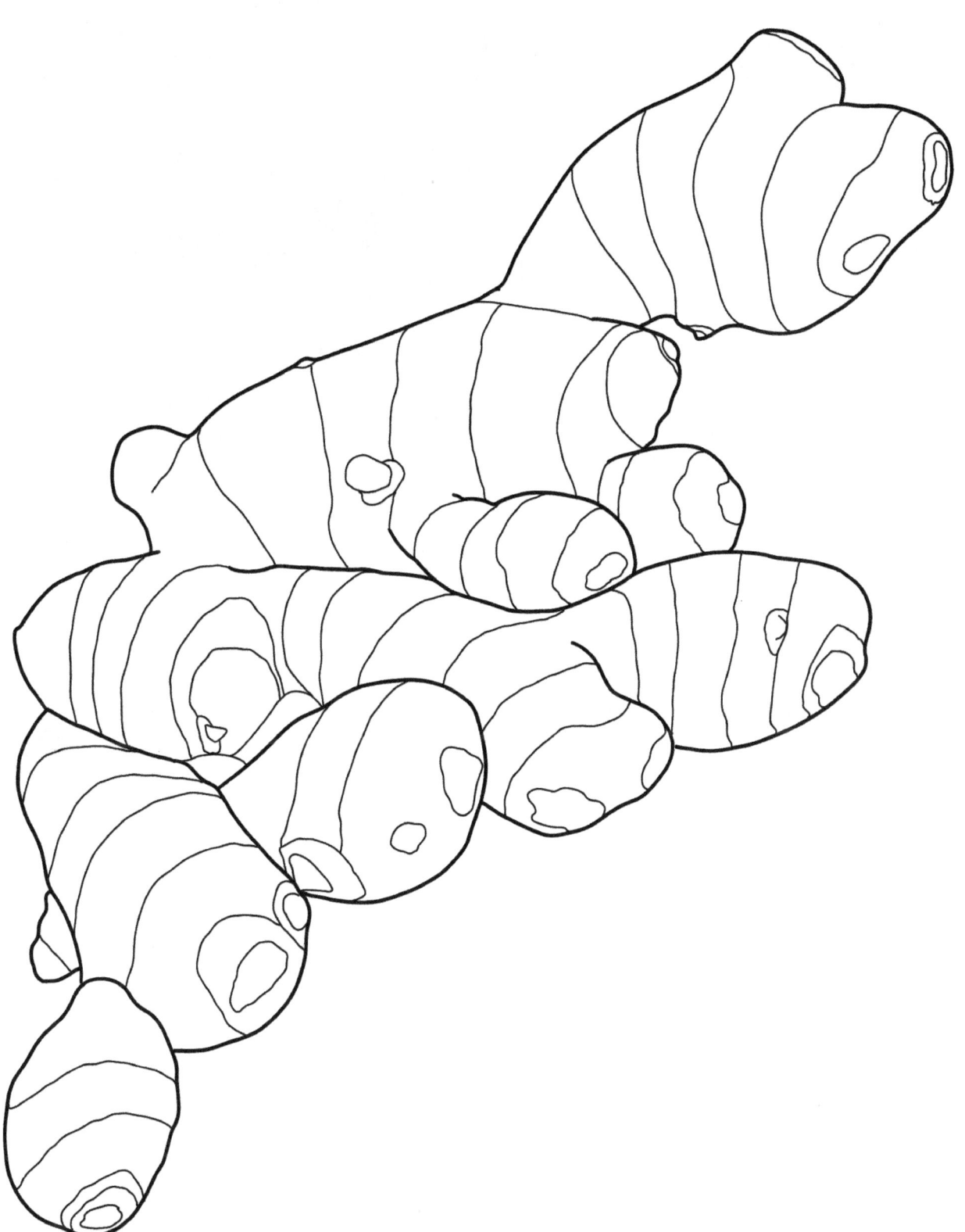

Ginger Root

Ginger Root

Colored by: _____ Date: _____

Myrtle

Myrtle

Colored by: _____ Date: _____

Mandrake

Mandrake

Colored by: _____ Date: _____

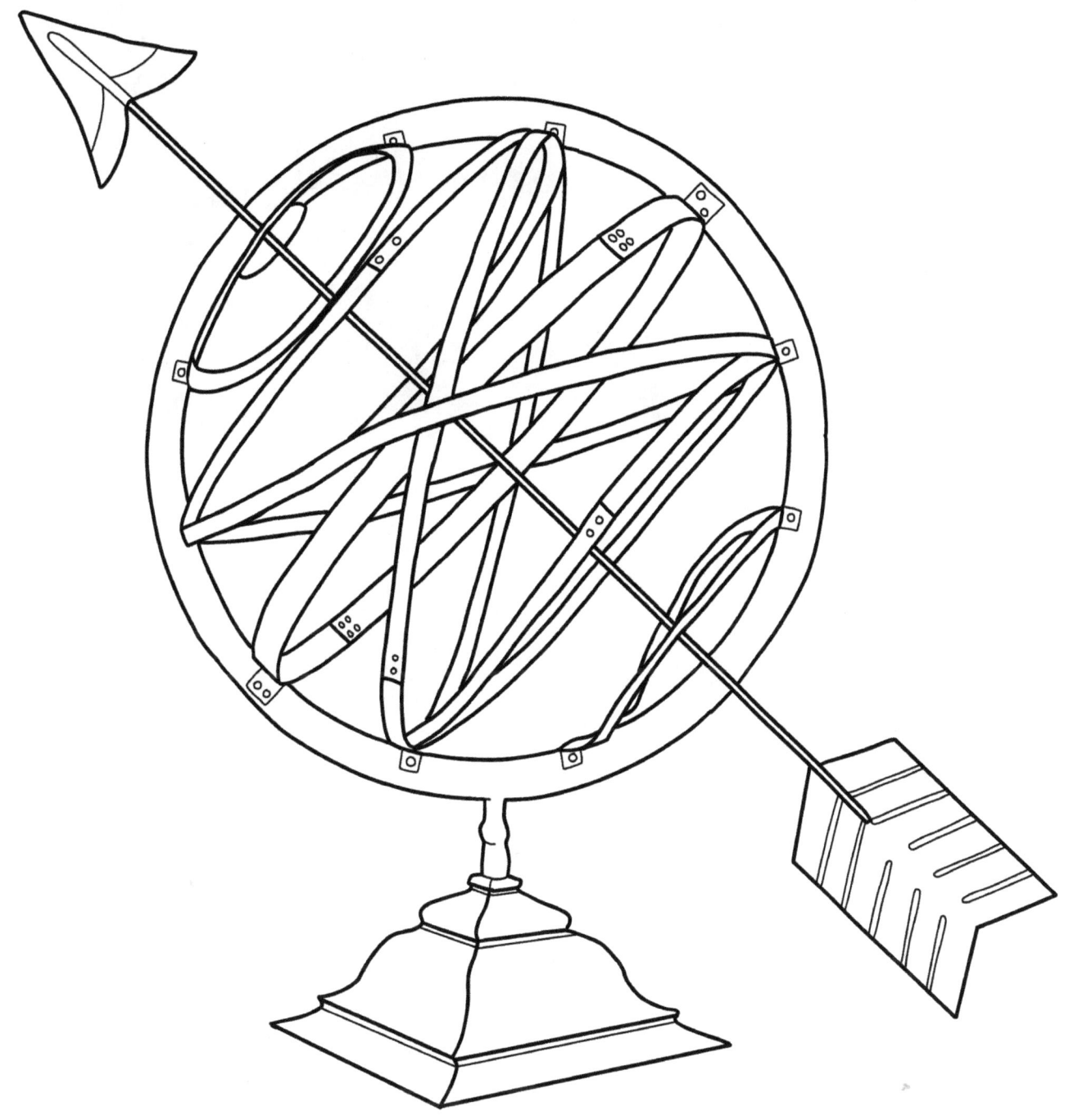

Armillary Sphere

Armillary Sphere

Colored by: _____ Date: _____

Creeping Thyme

Myrtle

Colored by: _____ Date: _____

Dove's Foot

Dove's Foot

Colored by: _____ Date: _____

Lavender

Lavender

Colored by: _____ Date: _____

Holly

Colored by: _____ Date: _____

Rose

Rose

Colored by: _____ Date: _____

Herb Jars

Herb Jars

Colored by: _____ Date: _____

Marigold

Colored by: _____ Date: _____

Peppermint

Peppermint

Colored by: _____ Date: _____

Wild Honeysuckle

Honeysuckle

Colored by: _____ Date: _____

Chocolate Mint

Chocolate Mint

Colored by: _____ Date: _____

www.ingramcontent.com/pod-product-compliance
Lightning Source LLC
Chambersburg PA
CBHW081016040426
42444CB00014B/3227